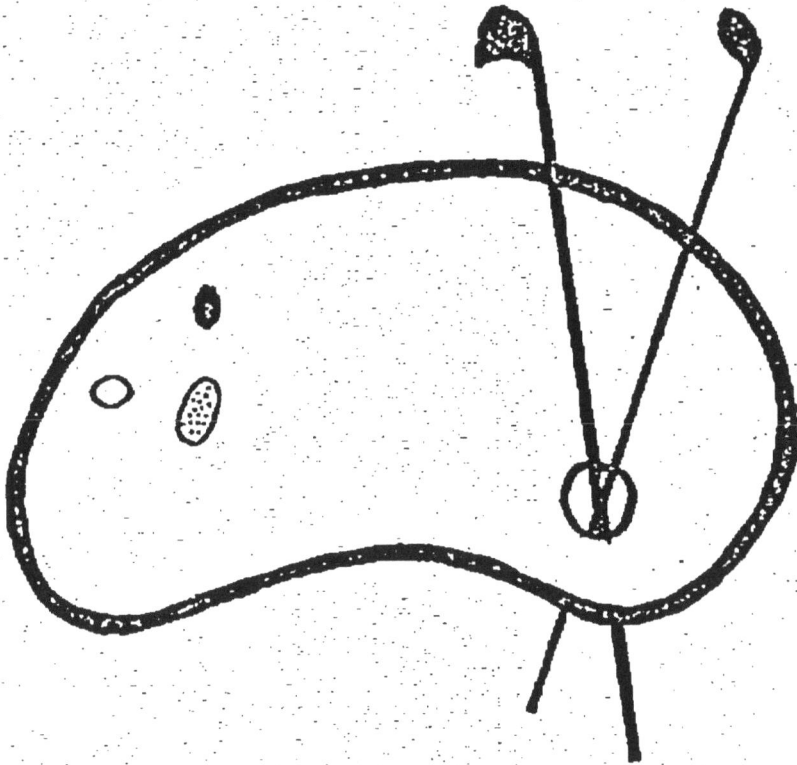

DEBUT D'UNE SERIE DE DOCUMENTS
EN COULEUR

PSYCHOLOGIE ANIMALE

L'HOMME ET LES BÊTES

SELON

LES RELIGIONS, LES PHILOSOPHIES, LES SCIENCES NATURELLES ET LE DROIT

ÉTUDE HISTORIQUE ET CRITIQUE

PAR

ED. ENGELHARDT

Ministre plénipotentiaire
Membre de l'Institut de droit international

SECONDE ÉDITION

PRIX : 2 FRANCS

PARIS

LIBRAIRIE GÉNÉRALE DE DROIT & DE JURISPRUDENCE

Ancienne Librairie Chevalier-Marescq et Cie et ancienne Librairie F. Pichon réunies
F. PICHON et DURAND-AUZIAS, ADMINISTRATEURS
Librairie du Conseil d'État et de la Société de Législation comparée
20, RUE SOUFFLOT (5e ARRt)

1907

LIBRAIRIE GÉNÉRALE DE DROIT ET DE JURISPRUDENCE

20, RUE SOUFFLOT, Vᵉ ARRᵗ, PARIS

CODES FRANÇAIS

ET

LOIS USUELLES

DÉCRETS, ORDONNANCES, AVIS DU CONSEIL D'ÉTAT
ET LEGISLATION COLONIALE

QUI LES COMPLÈTENT OU LES MODIFIENT

CONFORMES AUX TEXTES OFFICIELS

avec une conférence des articles, basée principalement sur la Jurisprudence

ET

ANNOTÉS DES ARRÊTS DE LA COUR DE CASSATION

ET DES CIRCULAIRES MINISTÉRIELLES

Par H.-F. RIVIÈRE

Docteur en droit, conseiller à la Cour de Cassation

Avec le concours de MM

Faustin HÉLIE	**Paul PONT**
Membre de l'Institut,	Membre de l'Institut,
Vice-président du Conseil d'État	Président honoraire à la Cour de Cassation

PUBLICATION CONTINUÉE PAR MM.

André WEISS	**PONCET**
PROFESSEUR DE DROIT CIVIL	CONSEILLER
A L'UNIVERSITÉ DE PARIS	A LA COUR D'APPEL DE PARIS

TRENTE-SIXIÈME ÉDITION (1908)

Un très fort volume in-8° jésus........................... **25 fr.** broché.
Relié en un volume....... **28 fr.** — En deux volumes......... **31 fr.**
Les mêmes dans le format de poche (in-32 colombier)
Suivis des textes de l'ancien droit mis en rapport avec la législation en vigueur,
Prix : broché **8 fr.** — relié en un volume **9 fr. 50** et relié en deux volumes **11 fr.**

ON VEND SÉPARÉMENT :

Dans le format in-8		Dans le format in-32	
Les six Codes, en 1 volume.....	13 fr.	Les six Codes, en 1 volume....	4 50
Les Lois usuelles..............	13 »	Les Lois usuelles..............	4 50
Le Code civil.................	5 »	Le Code civil.................	1 50
Le Code de Procédure civile....	3 50	Le Code de Procédure civile.....	1 50
Le Code de Commerce.........	3 »	Le Code de Commerce.........	1 50
Les Codes d'Instruction crimi-		Les Codes d'instruction crimi-	
nelle et pénal..............	5 »	nelle et pénal.	1 50
Le Code forestier.............	1 50	Le Code forestier.............	0 75

Chaque code in-32 séparé : cartonné **2 fr.**, relié peau souple **2 fr. 25**

AVIS IMPORTANT. — Chaque exemplaire complet, codes et lois, in-8°, contient quatre bons permettant de retirer **gratuitement pendant quatre ans** les suppléments publiés chaque année et destinés à mettre les Codes au courant des dernières dispositions législatives.

LES CODES FRANÇAIS ET LOIS USUELLES

collationnés sur les textes officiels

PAR MM.

Louis TRIPIER	**Henry MONNIER**
AVOCAT, DOCTEUR EN DROIT	DOYEN DE LA FACULTÉ DE DROIT
	DE BORDEAUX

CINQUANTE-HUITIÈME ÉDITION (1908)

Codes et Lois, brochés **8 fr**, reliés en 1 vol. **9 fr. 50**, reliés en 2 vol. **11 fr.**

Les 6 Codes brochés en 1 vol. in-18	4 50	Code de commerce et sociétés.....	1 50
Les Lois usuelles en 1 vol. broché	4 50	Code d'instruction criminelle, pénal	
Code civil et Constitution........	1 50	et Tarifs	1 50
Code de procédure et Tarifs......	1 50	Code forestier...................	» 75

Chaque Code séparé : cartonné **2 fr.**, relié peau souple **2 fr. 25**

LAVAL. — IMPRIMERIE L. BARNÉOUD ET Cⁱᵉ

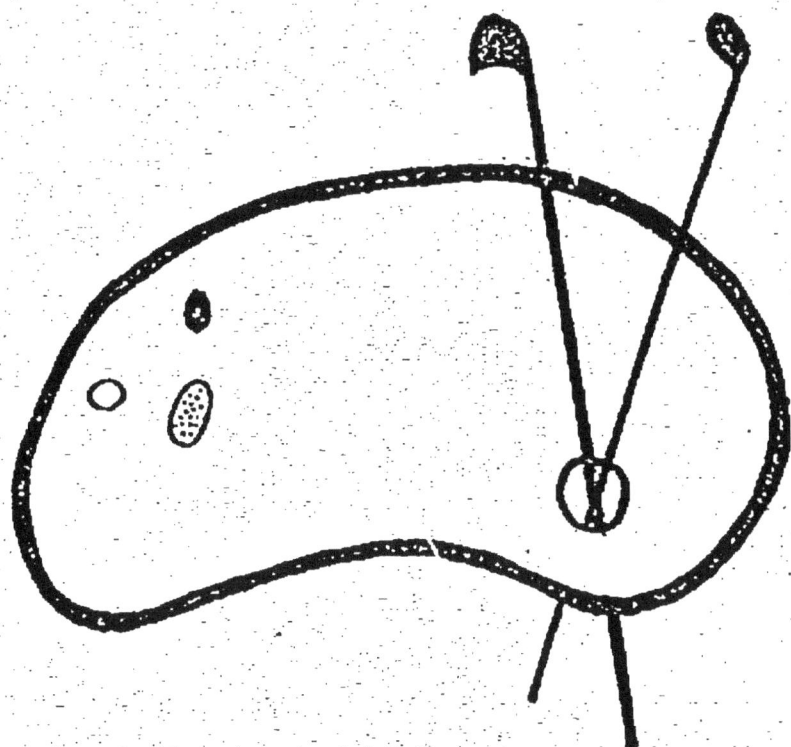

FIN D'UNE SERIE DE DOCUMENTS
EN COULEUR

PSYCHOLOGIE ANIMALE

L'HOMME ET LES BÊTES

SELON

LES RELIGIONS, LES PHILOSOPHIES, LES SCIENCES NATURELLES ET LE DROIT

OUVRAGES DU MÊME AUTEUR

Etudes historiques, techniques et commerciales sur les embouchures du Danube. — 1 vol. 1862, à la Librairie générale de droit et de jurisprudence, 20, rue Soufflot.

Du régime conventionnel des fleuves internationaux. — 1 vol. 1879, à la même librairie.

La Turquie et les Principautés danubiennes. — 1 brochure, 1879, à la même librairie.

Le droit d'intervention et la Turquie. — 1 brochure, 1880, à la même librairie.

La Turquie et le Tauzimat ou histoire des réformes dans l'empire ottoman depuis 1826 jusqu'à nos jours. — 2 vol. 1884, à la même librairie.

La conférence africaine de Berlin de 1885. — *Livre jaune* de 1885.

Histoire du droit fluvial conventionnel. — 1 vol. 1889, à la librairie Larose, rue Soufflot (édition épuisée).

Les protectorats anciens et modernes. — 1 vol. 1896, à la librairie Pedone, 13, rue Soufflot.

De l'animalité et de son droit. — 1 vol. 1900 à la Librairie générale de droit, 20, rue Soufflot.

La question macédonienne. Etat actuel. Solution. 1 broch. 1907, à la même librairie.

Etudes de droit international public, d'histoire diplomatique, etc. etc.. dans les revues suivantes : *Revue des Deux-Mondes, Revue de droit international de Bruxelles, Revue générale de droit international de Paris, Revue du droit public et de la science politique, Nouvelle Revue historique du droit français et étranger, Revue de législation comparée, Revue d'histoire diplomatique, Revue française, Annuaire de l'Institut de droit international.*

PSYCHOLOGIE ANIMALE

L'HOMME ET LES BÊTES

SELON

LES RELIGIONS, LES PHILOSOPHIES, LES SCIENCES NATURELLES

ET LE DROIT

ÉTUDE HISTORIQUE ET CRITIQUE

PAR

ED. ENGELHARDT

Ministre plénipotentiaire
Membre de l'Institut de droit international

SECONDE ÉDITION

PARIS

LIBRAIRIE GÉNÉRALE DE DROIT & DE JURISPRUDENCE

Ancienne Librairie Chevalier-Marescq et Cie et ancienne Librairie F. Pichon réunies

F. PICHON et DURAND-AUZIAS, administrateurs

Librairie du Conseil d'Etat et de la Société de Législation comparée

20, RUE SOUFFLOT (5e Arrt)

1907

PRÉFACE

———

Ces études historiques et critiques se rattachent à l'essai « *de l'animalité et de son droit* » que j'ai publié il y a sept ans (1).

Si téméraire qu'elle ait pu paraître à première vue, la thèse inscrite dans le titre même de cet écrit, a reçu l'adhésion de nombreux juristes français et étrangers appartenant en majorité à l'enseignement et je ne saurais mieux marquer le sens doctrinal et la portée de la plupart de ces témoignages autorisés qu'en reproduisant ici la lettre particulièrement explicite qu'a bien voulu m'écrire le 20 octobre 1900 un éminent professeur de l'Université de Cambridge. Elle est ainsi conçue : « Je suis tout à fait de votre avis qu'il faut reconnaître aux animaux un droit à la protection. Ce droit est fondé sur la justice, non seulement à cause de l'utilité des services des bêtes et de l'intérêt qu'il y a à combattre notre tendance naturelle à la cruauté, mais aussi en raison du res-

(1) Un volume in-8 à la Librairie générale de droit et de jurisprudence, 20 rue Soufflot à Paris.

pect qui est dû à des êtres physiquement et morale-
ment sensibles. ».

Signé : J. WESTLAKE K. C.

Ainsi se trouve précisée dans ses motifs essentiels
l'*habilitation* qui, scientifiquement déduite des affinités physiques, intellectuelles et morales qui existent
entre l'homme et les animaux, tend à attribuer à
ceux-ci, dans une mesure restreinte, la qualité de
sujet du droit, c'est-à-dire, une quasi personnalité.

Il n'est pas sans intérêt de suivre au cours des âges
la progression des idées qui ont, à la longue, disposé
les consciences à cette émancipation partielle.

Une telle étude, si imparfaite soit-elle, ne peut-elle
servir à l'histoire même de l'esprit humain, en en
représentant l'un des aspects les moins observés dans
leur ensemble ?

C'est la tâche à laquelle je me suis appliqué en
développant une précédente monographie sommaire
que j'ai consacrée à cette question en 1904 et dont
un premier tirage a été épuisé (1).

Nice, en octobre 1907.

(1) « L'homme et les bêtes », dans le tome VI de 1904 de la
Revue de droit international et de législation comparée (Bruxelles).

PSYCHOLOGIE ANIMALE

L'HOMME ET LES BÊTES

SELON LES RELIGIONS, LES PHILOSOPHIES, LES SCIENCES NATURELLES ET LE DROIT

ÉTUDE HISTORIQUE ET CRITIQUE

Une discipline nouvelle, aussi vaste dans son champ d'action que restreinte dans ses règles, est en voie de formation.

La conception d'un droit de l'animalité, après de longs siècles de gestation, se dégage de la conscience des peuples civilisés comme maintes idées régnantes jugées de prime abord vaines ou ridicules.

Fondée sur les lois de l'immuable nature, c'est-à-dire sur les affinités innées de tous les êtres vivants, cette conception, déjà en partie réalisée, suppose l'existence reconnue d'une communauté autre que celles qui partagent l'humanité, autre aussi que celle qui la comprend tout entière, et j'entends désigner ainsi les trois organismes relativement indépendants représentés comme entités juridiques distinctes par la nation, par l'association internationale et par le genre humain.

L'adoucissement graduel des mœurs qui, insensiblement, a disposé la plus parfaite des créatures au sentiment plus intime de sa solidarité avec *ses semblables*, a également eu pour effet d'éveiller en elle le souci de certains devoirs envers les *créatures inférieures* douées à des degrés divers de ses propres attributs.

Sous l'action de cette loi de progrès qui substitue peu à peu l'empire du sens moral à celui de la force, l'âme humaine semble se hausser vers un idéal d'unitéisme de plus en plus compréhensif, et par un phénomène de régression dont maintes doctrines modernes offrent l'exemple, on dirait qu'une antique tradition va se renouer, celle de la confraternité des premiers temps, de cette « union touchante » qui, suivant le mot de Michelet, « liait l'homme aux plus humbles enfants de Dieu ».

En observant cette tendance dans les phases historiques qui l'ont précédée, on constate que les rapports de l'homme avec les animaux et le droit qui les régit, se sont formés et ont varié dans la suite des temps sous les influences successives et par moment simultanées de la religion, de la philosophie et des sciences positives.

Tel est, à ces différents points de vue, le sujet de ces pages.

1. Le plus longtemps prépondérante, la religion a commencé son œuvre avec l'humanité primitive. Elle était essentiellement mythologique et reposait sur le culte de la nature dans sa plénitude de vie, de force et de fécondité.

Ce culte par lequel les sociétés naissantes divinisaient leurs espoirs et surtout leurs craintes, avait pour objet des êtres fictifs auxquels l'imagination prêtait les formes humaines ou celles des animaux sauvages ou familiers. De là l'anthropomorphisme et le zoomorphisme des anciens panthéons.

Alors l'homme ne se distinguait pas nettement lui-même des êtres qui l'entouraient, ou du moins il n'avait qu'un très vague sentiment de sa supériorité. A maints égards il se trouvait plutôt sous leur dépendance, soit qu'il fût encore désarmé vis-à-vis des uns, soit que les services des autres fussent devenus une condition nécessaire de son existence.

En ces temps fabuleux que rappellent d'antiques traditions et dont les mœurs semblent se refléter dans les coutumes de maintes tribus totémiques modernes, hommes et bêtes vivaient en paix et se partageaient fraternellement les biens de la terre. Il y avait comme une alliance entre eux, et les franchises qui couvraient certaines espèces animales allaient jusqu'à l'immunité de leur vie. Elles n'étaient ni tuées ni mangées, et lorsque, par un impérieux besoin, on devait les sacrifier, des cérémonies expiatoires atténuaient la responsabilité du meurtre.

Quelles qu'aient été les causes déterminantes de cette communauté ancestrale, qu'elles se ramènent à la crainte inspirée par les bêtes nuisibles et errantes ou à la sympathie pour les bêtes inoffensives ou utiles, ou même, par une sorte de prédarwinisme, à l'impression pour ainsi dire instinctive d'une même provenance, il apparaît, suivant les récits légendaires, qu'à l'origine des groupements humains — et c'est le point qu'il importe de marquer ici, — un grand nombre d'animaux jouissaient d'une protection publique en vertu d'un pacte tacite qui impliquait par lui-même une certaine notion de droit (1)

2. Avec les *Vedas*, qui représentent la littérature sacrée la plus ancienne, après les textes trente fois séculaires recueillis dans les hypogées de la vallée du Nil, nous entrons dans l'histoire.

Les Vedas enseignaient au milieu d'invocations et de préceptes religieux et moraux que *toutes les créatures se ressemblent*, confirmant ainsi la prescience sponta-née de l'humanité à ses débuts.

Le code de Manou, paru trois siècles plus tard (au XIIᵉ siècle avant notre ère), précisa cette doctrine en prescrivant d'épargner les bêtes dans leur émotivité corporelle, les jugeant sensibles à la douleur comme

(1) Chez tous les peuples, dit Bluntchli, il y a une époque où il n'existe pas de codes et où cependant il existe un droit exprimé par les us et coutumes.

l'homme lui-même. Il réprimait comme un délit le dommage qui leur était causé (1).

Telle fut aussi la caractéristique du droit de l'Egypte, qui traitait un grand nombre d'animaux comme des êtres inviolables, en punissant leur meurtrier de la peine du sacrilège.

Le génie indien avait d'ailleurs associé la pensée philosophique à la pensée religieuse, suscitant, sous sa double inspiration, le règne de la sympathie pour tous les êtres vivants.

Le dogme de la métempsycose faisait des corps des animaux le purgatoire des âmes humaines, c'est-à-dire un séjour temporaire d'épreuves et d'épuration. L'esprit universel ou principe de vie répandu partout comme la lumière solaire, revêtait ainsi les formes variées des plus humbles créatures, et de là le scrupuleux respect de celles-ci dans leur intégrité organique.

L'idée orientale de la migration et de la communauté des âmes et, si imparfaite qu'elle fût, celle de leur immortalité, se transmirent d'Egypte en Grèce et s'accréditèrent au sein des premières écoles philosophiques de l'Europe civilisée.

3. Les Grecs furent les héritiers directs des vieilles civilisations asiatiques. En général, leurs sages professaient qu'il existe un lien moral entre l'homme et les bêtes. Les uns, et notamment Anaximandre, Héraclite et Démocrite, justifiaient cette thèse par les affi-

---

(1) Voir les extraits du code Manou et leur commentaire dans *Les animaux et la loi pénale*, d'ALBERT DELACOUR (1901).

nités substantielles qui rattachent entre eux tous les êtres du monde animal. D'autres et particulièrement Empédocle, l'expliquaient par le dogme de la métempsycose.

Platon, tout en admettant le principe de la parenté ou de la communauté animale, oppose le *dualisme* à la conception plus ou moins unitaire de ses devanciers.

Pour lui, l'homme, doué seul de raison, c'est-à-dire de l'organe par excellence des idées, domine de haut « les bêtes courbées vers la terre ». Il y a entre eux une inégalité absolue.

Ainsi s'inaugure l'anthropocentrisme, et avec lui une morale qui, par son esprit de fraternité humaine, a mérité d'être appelée la préface de l'Évangile (1).

Développant en ce point l'enseignement du maître, Aristote, le créateur de la science zoologique, considère l'homme comme le centre et le but de la création. Les animaux sont destinés à son usage, livrés à sa discrétion, et quoique appartenant en état de domesticité à l'association familiale (οἰκότης) comme les esclaves, ils n'ont aucun droit à une protection particulière.

Plus conséquent qu'Aristote, qui, avec un savoir sans pareil, a cependant observé et décrit les ressemblances originelles de tous les êtres, Théophraste, son disciple, se rapproche de la morale antique, en condamnant notamment les sacrifices d'animaux par le

(1) Platon, dira Pascal, dispose au christianisme.

motif que la piété commande la douceur et la bienveillance envers toutes les créatures.

Les épicuriens raisonnent et concluent en un sens
contraire, c'est-à-dire qu'à leurs yeux l'intérêt de la
société autorise l'homme à disposer des animaux.
Aucun droit ne saurait être reconnu à ceux-ci, « car
ils sont incapables de traiter avec nous ».

Cette dernière formule servira de cliché à ceux des
jurisconsultes modernes qui dénient aux bêtes tout
attribut de la personnalité.

Les stoïciens prennent position entre ces deux déduc-
tions extrêmes. S'il y a unité et solidarité entre tous
les êtres, les êtres occupent des degrés différents dans
l'ordre de la nature. Pénétré de sa prééminence,
l'homme doit s'en inspirer dans sa conduite à l'égard
des animaux. Il convient qu'il use envers eux de *clémence*, mais non de *pitié*, cette affection étant indigne
du sage.

Marc-Aurèle, en ses *Réflexions morales*, reproduira
ce précepte.

Dans la suite on verra Plutarque et, bien après lui, le
néo-platonicien Porphyre blâmer la cruauté envers
nos alliés, les animaux, ainsi que l'usage de leur
chair.

Variable dans ses conclusions pratiques, mais à peu
près constante dans l'affirmation des rapports plus ou
moins étroits que la nature a créés entre l'homme et
les êtres inférieurs, la philosophie hellénique s'accor-
dait, à ce dernier point de vue, avec les mœurs nationales, si l'on en juge par l'horreur qu'éprouvaient les

anciens Grecs pour l'effusion du sang et surtout pour les sacrifices d'animaux.

Les offrandes aux dieux consistaient exclusivement en fruits et un autel s'élevait à la *Pitié*.

D'après le sentiment populaire, les mauvais traitements exercés à l'égard des bêtes exposaient leurs auteurs à la vengeance divine, ce que démontre ce proverbe courant : « Il y a aussi des Erynnies pour les chiens ».

Un récit de Photius semble confirmer cette naïve conviction. Les juges de l'aréopage athénien, raconte le patriarche, étaient réunis sur la colline de Mars, lorsqu'ils aperçurent sur leurs têtes un oiseau de proie qui pourchassait un passereau. La bestiole vint se réfugier dans le sein d'un sénateur. Celui-ci la saisit et la tua en la jetant violemment à terre. Grande indignation de ses collègues, qui, séance tenante, émirent un décret l'excluant de l'assemblée.

L'un des préceptes que devaient pratiquer les initiés d'Eleusis recommandait de ne pas malmener les animaux.

Les bêtes de somme qui avaient concouru à l'achèvement du Parthénon furent revêtues d'un caractère sacré et libérées de tout service.

On avait une sorte de culte pour les chevaux guerriers qui s'étaient signalés par leur vaillance. Les bœufs employés au labour étaient l'objet de soins reconnaissants.

Les traditions indo-égyptiennes sur la nature et sur la condition sociale des animaux n'étaient sans doute pas étrangères à ces diverses manifestations de la conscience hellénique.

4. Ces traditions, déjà effacées dans la phase constitutive de la nationalité romaine, disparaissent à la longue et les dispositions populaires s'accusent comme la négation absolue de la fraternité des premiers âges. Il n'est pas de société civilisée qui ait plus rabaissé les bêtes, qui se soit montrée à leur égard plus dure, plus inflexible, que celle de Rome. Les bestiaires étaient devenus une institution.

Cependant le *corpus* contient ces énoncés où le droit des animaux est reconnu : *jus naturale est quod natura omnia animalia docuit. Nam jus istud non humani generis proprium est, sed omnium animalium quæ in cœlo, quæ in terra quæ en mari nascuntur. Hinc descendit maris atque feminæ conjugatio quam matrimonium appellamus ; hinc liberorum procreatio et educatio : videmus etenim cætera quoque animalia istius juris perita censeri* (1).

Ce texte a singulièrement embarrassé les commentateurs du *corpus*, car il était en contradiction avec les idées et les mœurs contemporaines et indirectement avec l'esprit du code lui-même. Les uns en ont attribué l'insertion dans les Instituts à une méprise. Les autres, malgré la clarté de sa définition, ont supposé que dans la pensée du jurisconsulte, il ne s'agis-

(1) l. § 3. *Dig. de justicia et jure.*

sait pas d'un *jus naturale* objectif proprement dit, ou du moins que ce droit ne conférait pas aux bêtes une vraie personnalité, mais une quasi-personnalité. C'est une concession dont les zoophiles de nos jours pourraient se contenter.

Quelle que soit la valeur de ces explications, il est généralement admis qu'à l'époque classique de la jurisprudence, la disposition d'Ulpien, isolée dans l'ouvrage, est restée sans portée pratique.

5. Le judaïsme après de longs siècles de lutte entre la tendance monothéiste des Semites et le polytheisme oriental, substitua définitivement aux divinités païennes le Dieu unique, Iahvé, maître du monde et créateur de l'homme à son image. Dans cette nouvelle théogonie, le *genus homo*, émancipé d'une antique association plus ou moins égalitaire, s'érige au-dessus, bien au-dessus de l'animalité par son origine et par ses attributs.

Le premier livre de la Bible donne à l'homme l'empire absolu sur les créatures inférieures, et dans l'histoire de Caïn et d'Abel nous voyons que les sacrifices d'animaux sont plus agréables à Iahvé que l'offrande des fruits de la terre, préférence que consacre toute la loi de Moïse en prescrivant les rites qui couvrent les autels du temple d'un sang perpétuel.

Néanmoins l'Ancien Testament renferme plusieurs maximes relatives aux ménagements dont on doit user à l'égard des bêtes (1). Il en est de même du Talmud (2).

6. Le christianisme répudia plus nettement encore que le mosaïsme les cultes naturels du monde asiatique ; il mit, pour ainsi dire, le sceau à la royauté de l'homme, à sa haute précellence, sur tous les êtres terrestres.

Dieu, dira le précartésien Origène, a créé toutes choses pour le bien de l'homme. Les animaux n'ont ni raison, ni volonté ; ils sont des machines.

Il semble cependant que le souvenir de l'antique fraternité de l'homme et des bêtes, et jusqu'à un certain point le sentiment de leurs communes affinités s'étaient conservés au sein de l'Église nouvelle, car plus d'une de ses figures allégoriques est empruntée au règne animal.

Le saint Esprit est représenté par une colombe, Jésus-Christ par un agneau, les anges par des corps ailés, le démon par un serpent (3).

(1) « As tu des bêtes, aie soin d'elles » (Ecclésiaste, VII, 24). « Le juste a pitié de son bétail » (Proverbes, XII, 10). « Vous sauverez, Seigneur, et les hommes et les bêtes selon l'abondance de votre miséricorde » (Psaumes, XXXV, 7). Il convient que le bœuf et l'âne reposent aussi le septième jour.

(2) Voir en particulier les prescriptions sur l'abatage des animaux de boucherie.

(3) Les allégories animales se retrouvent dans les religions de la plus haute antiquité. Le dragon chaldéen consacré au dieu Nin-ghis-Zida qui figure sur les briques émaillées des murs de Babylone, est antérieur de vingt siècles aux murailles de Nabuchodonosor (Heuzey, communication à l'Académie des inscriptions d'octobre 1900).

D'après la parole du Maître, « les apôtres, envoyés comme des brebis au milieu des loups, devront être prudents comme des serpents et simples comme des colombes ».

Un vieux manuscrit copte de la Bible rapporte que Jésus-Christ aurait lui-même guéri les blessures d'une bête de somme succombant sous le faix. Ce récit s'accorderait avec l'esprit d'un enseignement qui, tout en exaltant la dignité humaine, se montrait pitoyable aux humbles et s'imposait comme loi la douceur et la charité.

Nous voyons, en effet, se reproduire dans le milieu chrétien, sinon la contradiction, du moins le contraste qu'offraient autrefois l'anthropocentrisme de l'école platonicienne et la morale pratique qui en atténuait la portée en ce qui concerne les êtres inférieurs.

Les premiers pères de l'Église professent la bonté pour les bêtes et condamnent toute cruauté à leur égard. Tels Tertullien, Lactance, Grégoire de Naziance, Jean Chrysostome.

Au vi⁰ siècle, l'archevêque Gregentius dans son code de Taphra déclare : « ceux qui frappent sans pitié les bêtes de somme et de trait, doivent, s'ils sont surpris en flagrant délit, recevoir trente coups, afin qu'ils apprennent par leurs propres souffrances combien un traitement cruel est douloureux ; car aussi les animaux, s'ils ne parlent pas, souffrent comme nous quand on les malmène ».

Au vii⁰ siècle, une assemblée ecclésiastique convo-

quée en Angleterre par le pape Grégoire VII s'élève
contre certaines pratiques brutales dont les bêtes
domestiques sont trop souvent les victimes, notamment les chevaux.

Le statut synodal d'Arras (xIIIe siècle) prescrivait
pour les animaux vingt-deux jours de repos par an.
Saint Bernard réprouvait la chasse.

Les annales du moyen âge abondent en exemples
d'actes de mansuétude envers les animaux. Que de
légendes merveilleuses dans la littérature de l'époque ! Tel saint avait converti les loups en les conviant
à un pacte d'amitié avec les moutons. Celui-ci rédui-
sait les hirondelles bavardes au silence pendant qu'il
prêchait. Un autre appelait chaque matin les cerfs de
la forêt pour les atteler à sa charrue (1).

Cette naïve crédulité de la longue période médiévale (nous le montrerons tout à l'heure) fera revivre
quelques-unes des traditions du *jus naturale* primitif,
dont le judaïsme et le christianisme s'étaient en principe si profondément séparés.

7. Le mahométisme s'assimila plus d'une doctrine
et plus d'une pratique de la religion naturelle des
Arabes, tels que la croyance aux esprits et l'hommage
à la mémoire des ancêtres.

Indépendamment du principe chrétien de l'unité

(1) François d'Assise s'entretenait avec les oiseaux, les brebis
et même les cigales. Dans sa tendresse « bouddhique », il rendait
la liberté aux poissons capturés. Il recueillit un jour et déplaça
un ver rencontré sur son chemin.

divine, il adopta celui de l'égalité entre les hommes tout en y apportant certaines restrictions applicables aux esclaves, aux infidèles et même aux femmes. Quant aux animaux, il leur refusa ce qu'il concédait aux esclaves et aux femmes, c'est-à-dire la responsabilité, les déclarant non punissables pour les dommages provenant de leur fait.

Néanmoins, sans recommander expressément de les protéger, il affirme « que les bêtes qui couvrent la terre, que les oiseaux qui traversent les airs sont des créatures comme les hommes, qu'ils sont écrits dans le Livre et reparaîtront devant lui » (2).

Mahomet, personnellement, a démontré une grande bienveillance pour les animaux familiers et, en ce point, ses sectateurs l'ont généralement imité.

8. Au moyen âge, le génie de Rome continua à rayonner sur les multiples sociétés nées du morcellement à l'infini de la grade unité impériale.

Cependant ce fut le christianisme qui prit hautement la direction de ces sociétés, sous l'influence prépondérante du *princeps superior*, qui en exerçait l'autorité universelle.

Nous assistons ici à un spectacle étrange.

C'est dans cette phase de reconstitution politique que le principe de la quasi-personnalité des animaux reçoit sa plus éclatante consécration.

Assurément, la science ne contribue en rien à ce

(2) *Coran*, VI, 38.

revirement ; elle est à peu près nulle et complètement
subordonnée à l'exégèse religieuse. Il faudra de longs
siècles pour qu'elle se réveille et s'émancipe du joug
de la scolastique.

Celle-ci sans doute est dépourvue de toute critique
expérimentale, et, à ce point de vue, elle entretient
les masses dans l'ignorance et la superstition. Cependant (ne faut-il pas l'admettre ?), en répandant des
notions fausses sur l'éthique animale, elle poursuit
un but plus élevé que la science, un but de moralisa-
tion et de perfectionnement social.

La théologie d'alors n'apprend pas seulement à respecter tous les êtres dans leur vie et dans leur sensibilité ; elle les considère comme des êtres moraux susceptibles de progrès et logiquement comme des entités
responsables.

Des procès en forme sont intentés aux bêtes et aux
bestioles inculpées de certains délits On les cite à
comparaître et comme elles font défaut, on leur accorde
le bénéfice que la loi romaine conférait aux mineurs,
aux aliénés et aux prodigues, c'est-à-dire qu'on nomme
des syndics ou curateurs pour les représenter (1).

Selon les cas, les délinquants sont sommés de déguer-
pir et d'émigrer dans un lieu où ils pourront vivre en
liberté, « car ils sont des créatures de Dieu et la terre
leur a été donnée comme à l'homme lui-même ».

(1) Citons comme exemples le procès des habitants de Lausanne
contre les sangsues du lac de Genève en 1451, celui de Saint-Jean
de Maurienne contre les amblevins en 1545, celui de Coïre contre
les scarabées, etc.

Des sentences capitales sont souvent rendues et le coupable, avant de subir sa peine, est revêtu d'habits humains.

Si ridicules qu'elles nous paraissent, ces pratiques ont été observées pendant des siècles dans les pays les plus avancés, notamment en France, en Allemagne, en Italie, en Angleterre, en Suède. A certains égards même, elles sont restées dans les mœurs de nombreux peuples contemporains des trois continents. On punit encore les bêtes en Russie, au Monténégro, en Esclavonie, au Cambodge, etc. (1).

Pour ce qui est du moyen âge et de son état mental, plus d'une explication peut être donnée de ses procédures bizarres, car toute coutume qui persiste à ce point a sa raison d'être, son sens et son utilité.

A l'origine sans doute la superstition y a concouru. L'imagination populaire se figurait que les animaux malfaisants n'étaient souvent que des instruments employés par les esprits infernaux. On les soupçonnait de cohabitation criminelle.

En 1474, les magistrats de Bâle condamnaient un coq au supplice du feu pour sorcellerie. Au xvie siècle, un chien sorcier était brûlé en Ecosse.

(1) Taine rapporte le cas d'un chien jugé au criminel et exécuté sous la révolution française (jugement du tribunal révolutionnaire du 27 novembre 1793).

En Angleterre, un éléphant homicide fut acquitté par un jury en 1897.

En Ecosse, un coq de combat qui avait tué un enfant fut condamné à mort et le jury assista à son exécution.

C'était l'œuvre de la philosophie occulte ou de la magie.

Quant à l'Eglise, indépendamment de l'interprétation de certains textes bibliques (1), le recours aux rigueurs spirituelles, la stricte observation des règles judiciaires à l'égard des bêtes, l'assimilation de celles-ci aux justiciables humains, tendaient à ramener le sentiment du droit parmi des populations qui ne connaissaient d'autre loi que celle de l'intimidation et de la violence. C'était une leçon de justice donnée aux âmes naïves, alors que régnait le *Faustrecht* ou la force brutale (2).

Des protestations s'élevaient sans doute non seulement dans le monde des juristes, mais encore au sein même des écoles théologiques contre cette morale singulière ; elles restaient sans effet sur l'esprit public, comme sur les pouvoirs dirigeants (3).

(1) « Si un bœuf tue un homme ou une femme d'un coup de corne, le maître sera jugé innocent, mais le bœuf sera lapidé et on ne mangera pas sa chair » (Exode, XXI, v. 28).

(2) Dans une lettre du 3 septembre 1851, Renan dit : « J'aime l'Eglise (au moyen âge) alors qu'elle représentait l'esprit contre la force, le droit contre la brutalité ».

D'ancien temps déjà la fable avait mis les bêtes en scène en les proposant comme exemples aux hommes, mais elle les figurait avec leur caractère propre, tandis que les légendes du moyen âge leur attribuaient des qualités imaginaires qui devaient être pour l'homme un sujet d'édification.

(3) Voir à ce sujet le *Commentaire de la coutume de Beauvais*, par le bailli de Clermont, BEAUMANOIR.

Dans le *Fuero* de Molina, on lit : « La bête muette ne peut être homicide ».

Un docteur en théologie, Leonardo Vairo de Bénévent disait :

Aux yeux des masses, les châtiments infligés aux bêtes nocives avaient le caractère d'une vengeance, c'est-à-dire que les bêtes devaient répondre de leurs actes, car leur refuser toute conscience, ne voir en elles que des machines mues par un instinct aveugle, irrésistible, et les rechercher pour leurs méfaits, eût été aussi absurde que de s'en prendre au mouvement d'une horloge montée.

Et telle doit être encore l'idée que l'on se fait des répressions exercées contre les animaux dans les pays de moindre culture où l'usage s'en est conservé.

9. Ce n'est que vers la fin du XVIe et au commencement du XVIIe siècle que la philosophie, s'isolant de la théologie avec laquelle la scholastique l'avait confondue ou qui du moins en était *l'ancilla*, reconquiert son indépendance et son autonomie.

En France, deux grands esprits, Montaigne et Descartes, se dégagent les premiers de cette longue servitude.

Abordant tous deux l'examen du problème de l'homme dans ses rapports avec le monde extérieur, ils suivent des méthodes différentes, l'une essentiellement expérimentale, l'autre surtout rationnelle, et ils

« Cela me paraît fort blâmable, soit parce que l'on ne peut raisonnablement traîner en justice des animaux inintelligents et nés dans la fange, soit parce que les foudres de l'Église ne sauraient atteindre que ceux qui font partie du corps des fidèles et qu'excommunier les brutes est non moins sacrilège que ce serait de baptiser une pierre ou un chien ».

aboutissent à des conclusions diamétralement contraires sur le sujet propre de l'éthique animale.

« De toutes les opinions que l'ancienneté a eues de l'homme en gros, déclare Montaigne avec une sorte de franchise naïve, celles que j'embrasse plus volontiers et auxquelles je m'attache le plus, ce sont celles qui nous méprisent et avilissent et anéantissent le plus (1) ».

Incomparable, selon Pascal, pour convaincre la raison de son peu de lumière, il se complaît à étudier la nature humaine dans ses faiblesses, dans ses contradictions, dans ses préjugés, et l'opposant à la nature animale, il se sent porté à un rapprochement que lui révèle d'ailleurs le témoignage des faits.

Pour lui, les animaux ont la réflexion, la prévoyance, la volonté libre et doivent être rangés avec l'homme « dans les barrières de la même police ».

Descartes, lui, bien loin de juger l'homme d'après ses défauts et ses misères, le considère dans son plus haut attribut, c'est-à-dire dans la raison dont il a le privilège et qui est la vraie source de la vérité. Quant aux animaux, il soutient qu'ils n'agissent point par connaissance, mais par disposition de leurs organes et qu'ils sont de *simples machines.*

L'automatisme cartésien, constatons-le, n'a pas survécu aux vicissitudes d'une doctrine où le faux le dispute aux plus nobles et aux plus éclatantes évidences.

---

(1) *Essais*, II, 17. Voir aussi, sur le point de vue contraire, *Pensées de Pascal*, chap. II, §§ 8 et 9.

Condamné par tous les naturalistes, il choque à la fois la logique et le bon sens et ne répond pas à la première règle de toute recherche philosophique énoncée par son auteur lui-même, règle d'après laquelle « il faut éviter soigneusement la prévention et ne comprendre rien de plus en ses jugements que ce qui se présente si clairement et si distinctement que l'on n'ait aucune occasion de la mettre en doute ».

« Quelle pitié ! quelle pauvreté ! dit à ce propos Voltaire, d'avoir prétendu que les bêtes sont des machines privées de connaissance et de sentiment. Dieu, ajoute-t-il ironiquement, leur a donné les organes de la sensibilité pour qu'ils ne puissent pas s'en servir (1) ».

Dans la suite, du xviie au xixe siècle, de nombreux philosophes, en Allemagne, en France, en Angleterre et ailleurs, approfondissent, au cours de leurs spéculations, la thèse spéciale posée par Montaigne et par Descartes. S'ils diffèrent entre eux comme les deux penseurs français, *la plupart* se prononcent dans le sens du premier, c'est-à-dire qu'ils reconnaissent positivement les affinités intellectuelles et morales qui existent entre l'homme et les animaux et attribuent à ceux-ci quelques-uns des caractères de la personnalité.

Je n'entreprendrai pas ici l'inventaire des systèmes qui se rapportent à ce sujet. Un pareil travail, si je me sentais assuré d'y réussir, dépasserait de beaucoup le cadre d'un simple aperçu et m'exposerait à de fréquentes redites, soit affirmatives, soit négatives.

(1) Lafontaine se livre à une critique analogue dans sa lettre à Madame de la Sablière.

Il importe cependant de préciser, ne serait-ce que par quelques formules générales, les vues qui se sont fait jour dans la période féconde des deux derniers siècles, et ces vues, si je ne me trompe, se résument assez exactement dans les enseignements de deux grands philosophes allemands, Kant et Schopenhauer.

Je me bornerai donc à ce parallèle.

10 Kant appartient à l'école idéaliste et anthropocentrique personnifiée par Platon (1).

Ayant arrêté ses idées sur les points de doctrine les plus divers, il ne pouvait négliger la comparaison psychologique de l'homme avec les animaux et les observations qu'il y rattache portent la marque de son esprit absolu, sinon toujours logique.

Par la distinction qu'il fait entre nos connaissances, les unes provenant de l'expérience et les autres tirées du sujet pensant lui-même, il représente l'homme comme doué d'une faculté supérieure de concept qui établit entre lui et les autres êtres une différence *spécifique* et non simplement *quantitative*.

Conscient de sa dignité unique, de son *moi*, l'homme est son but à lui-même et en même temps le but et le centre de la création.

De ces principes, Kant déduit les considérations et les conséquences suivantes.

L'homme n'a de devoirs qu'envers les hommes et ses

(1) Ainsi que Fichte, Shelling et Hegel.

prétendus devoirs envers d'autres êtres ne sont que des devoirs envers lui-même.

Les animaux, dépourvus de raison, n'ont ni droits, ni devoirs, étant incapables de contracter une obligation, soit active, soit passive. Ils sont des moyens, des instruments dont l'homme dispose à sa guise pour réaliser tels desseins qui lui importent.

Il convient toutefois de s'abstenir à leur égard d'actes de cruauté, non dans leur intérêt, mais par le souci de la moralité humaine, la brutalité envers les créatures inférieures pouvant avoir pour effet de nous rendre insensibles aux maux de nos semblables.

Ce dernier argument, renouvelé des stoïciens et d'Origène, sera invoqué à plus d'un siècle d'intervalle par l'auteur de la loi française dite « protectrice des animaux » (1).

Ecoutons Schopenhauer dans sa réfutation :

Le premier principe de l'être, ce qui prédomine en tout animal, c'est la volonté de vivre, de persévérer dans son moi, et à cet égard hommes et bêtes s'équivalent absolument (2).

Quant à l'intellect ou à l'entendement que la bête

(1) La loi Grammont de 1854.

(2) La Rochefoucauld faisant allusion à l'être et à sa tendance à persévérer dans l'être, avait déjà dit : ce penchant à vivre et à durer n'est pas une autre force chez l'homme que chez tout ce qui vit et se meurt sur la terre. Cette force anime obscurément l'animal qui défend son existence ou qui veut la maintenir par la distraction de sa proie et elle souffle en même temps à l'homme l'attachement à la vie, le goût de la domination, la soif de l'immortalité.

possède aussi, mais à un degré infiniment moindre suivant les espèces, il ne vient qu'en seconde ligne, quoique déterminant une disparité profonde entre les deux catégories de sujets.

L'homme seul, en effet, a la faculté d'abstraction, tandis que la bête n'a que l'intuition ou le pouvoir de se figurer les choses par la sensation et seulement les choses qui servent à ses besoins.

Mais à part cette distinction, d'ailleurs capitale, et toute proportion gardée entre leur faculté respective de cognition, il y a identité essentielle entre l'homme et la bête, d'où dérive pour le premier un double devoir envers l'autre, celui de la bienveillance et de la pitié et celui de la justice.

De ces devoirs naît un rapport à la fois moral et juridique entre les êtres supérieurs et les êtres inférieurs.

Et prenant à partie le philosophe de Königsberg, Schopenhauer lui adresse cette apostrophe, qui rappelle la sortie de Voltaire contre Descartes : « Eh quoi ! dit-il, la pitié à l'égard des animaux ne consulterait que l'utilité de l'homme et les animaux ne seraient épargnés que par voie réflexe, comme si la cruauté envers eux n'avait en elle-même aucune portée morale !

« Conçoit-on une pareille méconnaissance de nos affinités réciproques et ne doit-on pas se révolter contre cette doctrine occidentale qui sépare par un abîme les membres d'une même communauté naturelle ! »

Et il ajoute cette réflexion finale : « Lorsque le sentiment général se rendra à cette évidence qu'au fond, les animaux sont de même essence que l'homme, on ne les traitera plus comme des entités sans droits. Les assimiler à des choses ! Fi donc ! (1) »

Telle est à peu près la caractéristique des théories qui, en partageant les philosophes en deux camps, donnent une incontestable supériorité numérique à ceux qui affirment la subjectivité morale des animaux.

Remarquons d'ailleurs qu'en général les adversaires de cette subjectivité recommandent la douceur à l'égard des êtres qu'ils excluent avec plus ou moins de rigueur de la *magna communitas*, et cela en vue de l'intérêt proprement humain.

11. Le dualisme si nettement tranché de Kant tendait à réagir contre le courant scientifique qui commençait à battre en brèche l'anthropocentrisme philosophique et religieux.

Dès la fin du xvii° siècle en effet, la question de l'origine des espèces s'était imposée aux recherches des naturalistes et se dégageait peu à peu des obscurités de l'ancien et du moyen âge. Un horizon nouveau allait s'ouvrir à l'étude des manifestations de la vie, élargissant jusqu'aux périodes les plus reculées du globe le champ des découvertes et des hypothèses.

Le transformisme était en germe dans les œuvres des de Maillet, des Robin et des Buffon, contemporains de Kant. Il prenait corps dans la *Philosophie zoologique* de Lamark, dans la *Philosophie anatomique*

(1) « Pfui ! »

d'Etienne Geoffroy-Saint Hilaire, dans la *Création* de
Bory de Saint-Vincent et surtout dans les *Considérations sur l'espèce et les variétés* de Charles Naudin.

A des titres divers et au grand honneur de la
science française tous ces initiateurs sont les précur-
seurs reconnus de Ch. Darwin (1).

L'idée de l'unité des espèces animales, on l'a vu,
remonte au passé le plus lointain. Instinctive pour
ainsi dire dans les sociétés humaines primitives, elles
s'affirmait déjà avec plus ou moins de précision dans
la philosophie indoue, dans les doctrines de certains
sages de la Grèce et dans les chimères de l'alchimie
médiévale.

Cette unité n'était alors que pressentie ou du moins
la démonstration n'en était point faite par l'observation directe de la nature.

C'est à cette tâche que la science moderne s'est
appliquée en sortant des voies routinières de la systé-
matique et des classifications subjectives pour aborder
dans les conditions d'un déterminisme rigoureux
l'examen des rapports qui existent entre les êtres
organisés. Elle s'est proposé ce dilemme : L'espèce
est-elle un fait primordial ou la conséquence d'un
enchaînement de phénomènes ?

De l'ensemble des études patiemment poursuivies

(1) Les principaux fondateurs des sciences biologiques modernes chimie, anatomie comparée paléontologie, zoologie, embryogénie, histologie, physiologie, microbiologie), sont Français. Il
suffit de nommer, indépendamment des auteurs précités, Lavoi-
sier, Cuvier, Bichat, Claude Bernard, Pasteur.

dans cet ordre de collaboration, une donnée générale est ressortie, qui a servi de base à la théorie contemporaine de l'*évolutionnisme* ou de la *dérivation*. Cette donnée se formule ainsi : les espèces actuelles descendent d'espèces qui les ont précédées, c'est-à-dire qu'il faut voir dans l'empire organique, tel que nous le connaissons, le développement d'un état antérieur.

A quoi Charles Darwin, avec une remarquable pénétration, a ajouté ces lois déduites l'une de l'autre : toutes les espèces passées et présentes proviennent, par voie de mutations graduelles, de trois ou quatre types originels et probablement d'un archétype unique ; toute variété est une espèce naissante et pour la produire et la mener à terme, la nature emploie le croisement sélectif, résultat de la concurrence vitale ou de la destruction fatale des individus moins doués par les individus pourvus de qualités supérieures.

Sélection et *combat pour l'existence*, tels sont les deux faits dont les conséquences avaient été méconnues et par lesquels le savant anglais explique la succession et le perfectionnement progressif des formes animales.

Assurément, de graves objections s'élèvent contre cette séduisante conception de la naissance des espèces, de leurs ressemblances radicales et des différences profondes ou légères qui les partagent en classes, ordres, familles, etc.

Il n'est pas prouvé qu'une espèce en engendre une autre, qu'elle est *transmutable*. Toutes les espèces éteintes, celles dont on retrouve la trace dans les plus anciens gisements, se rangent à côté des espèces régnantes (1).

Je n'insiste pas ici sur ces critiques, non plus que sur les répliques qu'elles ont provoquées et qui empruntent leur vraisemblance aux révélations de l'embryogénie comparée et, disons-le, à notre imparfaite connaissance des formations géologiques et de leur incommensurable durée.

Qu'il me suffise de constater que le transformisme admirable instrument de recherche et de travail a gagné les esprits et qu'aux yeux de nombreux penseurs « il mène dans la voie de la grande explication du monde » (2).

12. Le problème des origines des formes vivantes était posé et quoique ses prémisses présentent les caractères de la certitude, il n'est pas encore résolu.

Mais si les idées nouvelles, malgré les ardeurs qu'elles ont suscitées, n'ont point encore franchi le désert de l'inconnu, si la science, en tant qu'elle a pour objectif la formation des êtres, reste encore en présence d'un *peut-être*, elle a cherché, scruté, défini *ce qui est*, s'écartant dans cette voie de vérifications méthodiques, des doctrines extrêmes et superficielles qui, dans la suite des temps et selon les milieux, ont alternativement et arbitrairement élevé et abaissé le niveau de l'animalité.

(1) Aristote niait absolument que les espèces se transforment les unes dans les autres.
(2) Renan.

Eclairée par les lumières de l'observation et de l'expérience, la science a mesuré la distance qui existe entre l'homme et les créatures inférieures, établissant le départ de leurs similitudes et de leurs dissemblances, déterminant, autant que le permettait une telle comparaison, le degré et la portée des unes et des autres.

Or, quelle est à ce point de vue la leçon qui ressort aujourd'hui de notions désormais acquises et généralement incontestées ? (1)

Considéré dans sa condition biostatique, c'est-à-dire dans sa composition interne, dans sa structure, dans sa progression génésique, dans ses manifestations vitales, l'homme ne se distingue pas des animaux par des différences de nature. Il y a, au contraire, entre eux identité à peu près complète. Rapproché notamment des espèces supérieures, des anthropoïdes, l'homme n'offre aucune des particularités qui déterminent la division des ordres zoologiques.

Sous ce premier aspect, l'on peut, en toute raison, « conclure de l'animal à l'homme » (2).

L'animal, celui des hautes séries surtout, étant pourvu des mêmes organes que l'homme, possédant en particulier un cerveau pareil au nôtre dans ses éléments essentiels (3), il est naturel que ce cerveau

(1) V. Ed. Engelhardt, *loc. cit.*, 1ʳᵉ partie.

(2) Voir DE QUATREFAGES dans l'*Espèce humaine.* Ed. Engelhardt, *loc. cit.* §§ 2 et 3.

(3) « L'homme, dit Hœckel, n'a pas dans son cerveau d'organe particulier que ne possèdent les singes anthropomorphes ».

remplisse les mêmes fonctions, qu'il ait les mêmes propriétés que chez l'homme, c'est-à-dire qu'il soit l'instrument matériel d'un esprit en rapport avec son développement relatif.

Et de fait (car la question de l'intelligence des bêtes n'est pas simplement une thèse métaphysique)(1) l'observation la plus imparfaite démontre qu'à des degrés divers et par les mêmes procédés que l'esprit humain, la bête pense, réfléchit, délibère, comprend, raisonne et l'on conçoit à peine l'égarement des philosophes qui ont tenu comme indiscutable cet aphorisme cicéronien appliqué à l'homme : *Solum est tot animantium generibus atque naturis particeps rationis et cogitationis, cum cætera sint omnia expertia* (2).

Sans doute l'intelligence de l'animal est une forme inférieure de compréhension ; elle n'est pas proprement analytique ; le syllogisme dépasse sa portée comme il dépasse celle de l'enfant qui agit sans idées abstraites et générales.

Mais ici encore, comme dans l'ordre des phénomènes physiques, il n'y a d'autre disparité entre les bêtes et l'homme que celle de l'ébauche mise en regard de l'œuvre achevée. *Human mind is no more sui generis than anatomy and physiology* (3).

(1) Opinion de Flourens.
(2) Cicéron, *De legibus*, I, 7.
(3) Opinion de J. Thomas Moore. « Chez les animaux les plus dégradés, dit de Quatrefages (annélides, mollusques, zoophytes), on retrouve des traces des facultés fondamentales dont l'ensemble constitue l'intelligence humaine ».
V. Sur l'intelligence animale et sa perfectibilité. Ed. Engelhardt, *loc. cit.*, §§ 4, 5, 6.

Au fond commun des facultés physiques et intellectuelles de l'homme et des animaux, la psychologie comparée ajoute le contingent des attributs moraux qui se rencontrent, dans des gradations diverses, chez l'un et chez les autres.

La double nature animale se manifeste en effet aussi bien dans le domaine des *passions* que dans celui de l'esprit, et à cet égard l'expérience commune dénote un premier fait qui ne laisse aucun doute sur l'existence chez les bêtes d'un principe immatériel analogue à celui qui met l'homme si au-dessus de tous les êtres.

Dans les catégories zoologiques supérieures, les sujets présentent à l'observateur le moins averti des caractères différents qui résultent de penchants innés, d'un tempérament particulier et forment ce que la langue latine exprime par le mot *indoles*.

La science comme la fable, Buffon comme Lafontaine nous les montrent sous les traits propres à chacun d'eux, en opposant les rusés aux simples, les courageux aux timides, les humbles aux fiers, les confiants aux méfiants, les tristes aux gais, les curieux aux indifférents, les doux aux méchants, les travailleurs aux paresseux, etc.

Ce sont en somme des individualités plus ou moins accusées, procédant des qualités spécifiques qui constituent la personnalité au sens large du mot.

Le caractère ou l'*indoles* proprement dit n'est d'ailleurs que le moindre côté par lequel se révèle la « duplicité » de la nature animale. Les bêtes, surtout

celles qui revêtent les formes relativement plus par-
faites de la vie, éprouvent à des degrés divers la plupart des sentiments humains, et c'est particulièrement dans leur état social, soit de famille, soit de
collectivité grégeoire que leur sensibilité morale se
développe sous ses aspects les plus frappants.

Amour, haine, reconnaissance, pitié, vanité, jalou-
sie, honte, colère, ressentiment, pudeur même, etc., etc.,
tous ces mouvements psychiques se produisent chez
elles et se reconnaissent en général aux mêmes signes
que chez l'homme.

Et si l'on dégage de la morale les trois idées maî-
tresses de volonté, de liberté et de justice, ce serait
méconnaître les signes les plus minutieusement observés de la vie animale que de considérer ces attributs
comme l'apanage exclusif de l'humanité (1).

Sans doute la moralité des animaux est toute spon-
tanée et l'on doit supposer que certaines notions
abstraites leur sont étrangères, comme par exemple la
notion du surnaturel, c'est-à-dire la religiosité.

A cet égard et bien que d'éminents penseurs aient
cru reconnaître dans la bête « une vague contempla-
tion de la nature, un reflet d'infini » (2), il faudrait
une singulière complaisance pour attribuer à certaines

(1) V. Ed. Engelhardt, loc. cit. §§ 7, 17, 18, 19, 20.
(2) Renan dans Dialogues philosophiques, Victor Hugo dans la
Légende des siècles, etc., etc.
Aux yeux des Egyptiens les singes adoraient le soleil. C'est ce
que dit aussi Pline des éléphants.

allures, à certaines poses un caractère en quelque sorte rituel.

Aussi dirons-nous avec Montaigne qu' « on ne peut prendre en aucune part ce qui reste caché ».

Mais, sauf cette réserve et d'autres analogues applicables d'ailleurs à maintes catégories de notre espèce, tels que les enfants, les aliénés et de nombreuses tribus sauvages, la conscience animale est accessible aux diverses émotions qui forment le rythme de l'âme humaine et c'est même sous ce rapport qu'hommes et bêtes se ressemblent le plus (1).

Tels sont les résultats positifs de la recherche scientifique sur l'activité physique, intellectuelle et morale des animaux. Manifestations variées d'une même énergie, ils démontrent qu'en général, entre la nature humaine et la nature des bêtes, il n'y a que des différences de plus au moins et que les conditions de ce qu'on peut appeler le mécanisme de la vie leur sont communes.

L'homme, comme on l'a dit, est hors ligne ; il n'est pas hors cadre.

(1) V. Ed. Engelhardt, *loc. cit.*, § 9.
On a également contesté aux animaux le sens esthétique. Sur ce point cependant la psychologie comparée n'est pas réduite aux plus vagues conjectures ; elle est en présence de faits dont la signification ne paraît pas douteuse.
A l'époque de l'appariage les animaux montrent évidemment un certain sentiment du beau. Le mâle fait étalage de ses formes et la femelle distingue les qualités physiques des rivaux qui se la disputent. Que d'espèces sont sensibles à l'éclat des couleurs, à la musique, etc., etc.

Un autre voile est tombé après celui qui, pendant
d'innombrables siècles, nous dérobait la juste notion
de l'humble place occupée par notre habitat dans le
monde universel. L'homme du dualisme platonicien
n'est plus une entité unique, une créature *ex se*, et il
faut bien que sa raison s'incline devant la réalité de
plus en plus visible et tangible.

Cette soumission à « l'objet » (est-il besoin qu'on
s'en explique ?) n'a rien de dégradant pour la dignité
humaine; bien loin de se tenir abaissé et de souffrir
de ses désillusions, l'homme des temps nouveaux ne
doit-il pas concevoir d'autant plus de fierté de sa haute
prééminence qu'il a une vue plus claire des luttes
incessantes et des victoires dont elle a été le prix ?

Ne sent-il pas aussi, devant le spectacle d'un univers
que ses ancêtres ne soupçonnaient pas, s'affirmer en
lui, plus impressif, cet idéal supérieur aux faits et aux
lois physiques, cette foi en quelque chose d'éternel et
d'absolu qui est inhérente à sa conscience et dont
l'histoire proclame l'indestructibilité ?

13. L'acquis scientifique dans les trois ordres de
phénomènes que nous venons d'analyser devait, à la
longue, en se vulgarisant, imprimer une direction particulière aux mœurs et aux idées régnantes en tant que
régulatrices des rapports de l'homme avec les animaux.

Par le fait de similitudes et d'affinités radicales
désormais reconnues, tant au point de vue physique
qu'au point de vue moral, et sous l'influence de plus

en plus générale des théories nouvelles sur l'évolution et sur l'unité primordiale de tous les êtres, un certain ralliement harmonique, une plus directe correspondance devaient s'opérer entre sujets d'une même communauté naturelle. Traité jusqu'alors comme une chose, l'animal ne pouvait plus être classé au nombre des organismes inconscients ou des corps bruts. Possédant jusqu'à un certain point les facultés et les aptitudes de la personnalité, il était légitime qu'il prît du moins une place à part dans l'ensemble des biens susceptibles d'appropriation.

Un impératif tacite résultait pour l'homme des preuves indéniables de sa double parenté ; il lui imposait un premier devoir, celui de respecter l'animal comme individualité physiquement sensible en lui épargnant tous services abusifs, toute souffrance inutile.

Et telle est, en effet, — nous l'allons montrer en l'expliquant dans son origine, dans son mobile et dans ses applications diverses — telle est l'immunité que lui assure aujourd'hui la législation de tous les pays civilisés.

Cette protection légale, à laquelle la sauvegarde des droits de propriété reste étrangère, nous apparaît, si on la considère dans les différentes phases de sa réglementation, comme la consécration positive, quoique encore insuffisante, des vérifications scientifiques et l'on peut se convaincre qu'elle en suit pour ainsi dire les progrès.

Les conceptions des naturalistes français de la fin

du xviiie siècle, celles des de Maillet, des Buffon, des Lamark, avaient déjà pénétré les intelligences, lorsqu'en 1802 l'Institut mit au concours l'étude de la question suivante : Jusqu'à quel point les cruautés commises envers les animaux influent-elles sur l'état moral de la population ? Serait-il opportun d'édicter une loi à ce sujet ?

Ce fut apparemment en s'inspirant de la même idée qu'en 1811 lord Erskine soumit à la Chambre haute un projet de dispositions destinées à garantir les animaux domestiques contre les mauvais traitements. L'assemblée l'accueillit, il est vrai, par ses sarcasmes, mais l'opinion publique, on peut le croire, lui était déjà favorable, car, treize ans plus tard, en 1824, le projet de l'homme d'Etat, reproduit par Richard Martin (de Galway) était voté par la Chambre des communes et de nombreux bills complémentaires, postérieurs presque tous à l'avènement du transformisme darwinien, en étendaient successivement la portée (1).

A partir de 1838, plusieurs Etats allemands adoptèrent des dispositions semblables et bientôt la plupart des Etats d'Europe et d'Amérique imitèrent cet exemple.

Une ample matière s'offre ici à notre examen, car nous sommes amenés par le développement naturel du sujet à comparer entre elles et à caractériser dans leur

---

(1) Ces actes parlementaires (on en compte plus de vingt) se répartissent, sauf ceux de 1839, de 1844 et de 1849, entre les années 1854 à 1896.

esprit les différentes législations nationales qui régissent de nos jours la protection des animaux.

14. En prenant pour type dans cette revue critique la loi française de 1854, ce n'est pas, bien loin de là, que je la juge la plus libérale, la plus prévoyante et la plus efficace.

A ces titres, elle le cède incontestablement, comme en général les actes similaires des Etats latins, aux lois qui ont prévalu dans les Etats anglo-saxons.

Le pays qui se fait si justement honneur d'avoir imposé au monde civilisé la reconnaissance des droits de l'homme, est distancé de beaucoup par deux grandes nations, c'est-à-dire par l'Angleterre et par les Etats-Unis, dans les initiatives qui préparent les nouvelles générations à la reconnaissance d'un droit spécial, d'ailleurs très restreint, conférant aux animaux des séries relativement supérieures une quasi-personnalité.

La loi du 2 juillet 1854, qui a gardé le nom de son promoteur, le général Philippe Delmas de Grammont, député de la Loire, porte en son article unique : « Seront punis d'une amende de 5 à 15 francs et pourront l'être de cinq jours de prison ceux qui auront exercé *publiquement* et *abusivement* de mauvais traitements envers les *animaux domestiques*. La peine de la prison est toujours prononcée en cas de récidive ».

Ainsi, trois conditions sont nécessaires pour qu'il y ait contravention : les mauvais traitements doivent avoir été publics, c'est-à-dire de nature à causer du scandale ; ils doivent constituer un abus, c'est-à-dire

présenter le caractère d'actes graves de brutalité (1) ;
il faut, enfin, que les animaux malmenés soient domestiques.

Si limitatif que soit dans son énoncé le seul texte
du code français relatif aux ménagements prescrits
envers les animaux, les tribunaux ne se sont pas fait
faute d'en restreindre encore l'application, en décidant
notamment qu'il n'aurait prise que sur le propriétaire
de l'animal ou sur celui qui lui a été substitué et que
le fait de laisser les bêtes sans nourriture ne rentrait
pas positivement dans les vues du législateur (2).

En ce qui concerne l'*abus* et quelles que soient les
variantes des formules, il n'existe pas de véritables
divergences dans les codes étrangers. On y vise le procédé inutilement et méchamment cruel et ce procédé
est assez clairement spécifié pour qu'il soit possible
de le distinguer des faits de correction légitime et
usuelle.

En Angleterre toute fausse dénonciation est sévère-
ment punie.

Dans plusieurs pays (3), ce ne sont pas seulement
les violences, telles que coups et blessures, qui déterminent l'abus ; la privation de nourriture ou de soins
indispensables lui est assimilée (4).

---

(1) Voir *Théorie du code pénal*, par MM. Chauveau et Hélie,
t. VI, p. 433.

(2) Arrêts de la cour de cassation des 5 juin 1862, 2 janvier 1875
et 30 novembre 1888.

(3) Comme en Angleterre et en Suisse.

(4) Un projet de revision du code rural français, que les len-

Quant à la *publicité* et au *scandale*, la France est un des rares États qui maintienne cette double condition, l'une, à ses yeux, impliquant l'autre (1).

Cependant quelques-unes des législations étrangères, qui rentrent dans l'exception, ne confondent pas les deux causes de contravention. Les unes s'en tiennent à la publicité (2) en excluant le scandale, fait qui peut prêter à contestation. Les autres, au contraire, exigent le scandale, celui-ci pouvant d'ailleurs se produire par suite de la divulgation postérieure de l'acte de brutalité (3).

Ces dispositions particulières, pour peu qu'on y réfléchisse, blessent à la fois la logique et la morale, et tel est évidemment le sentiment qui prédomine dans la majorité des milieux civilisés.

Par la condition de publicité on semble légitimer les méfaits accomplis à huis-clos et l'on peut presque affirmer que là où la convention en dépend, la loi

teurs de la procédure parlementaire laissent en souffrance depuis des années, prévoit également ce dernier cas.

En mars 1906 le tribunal anglais de Backwell a condamné à deux mois de prison deux propriétaires qui avaient négligé l'alimentation de leurs bêtes pendant cinq jours

(1) Le projet français susmentionné néglige la publicité. Les États qui ont renoncé à la fois à la publicité et au scandale sont la Belgique, le Luxembourg, l'Italie, la Suède et la Norvège, le Danemark, la Finlande, l'Autriche-Hongrie, le Portugal, la plupart des cantons suisses, les États-Unis.

(2) Notamment les cantons de Berne, de Glaris, de Zurich, de Zug.

(3) Comme dans quelques États allemands, notamment le Wurtemberg et Hesse-Darmstadt.

« protectrice des animaux » ment à son titre et couvre plutôt le malfaiteur que sa victime.

Pour ce qui est du scandale, il n'est pas facile de le définir et, l'ayant défini, il faut prouver qu'il a effectivement eu lieu.

Lors de la discussion de ce point au parlement allemand, il a été admis que le scandale consistait dans l'atteinte portée à la moralité de l'homme, que cette atteinte devait être de nature à soulever la conscience publique et ne pas seulement froisser les cœurs trop impressionnables, qu'enfin pour justifier l'intervention légale. le scandale devait être le résultat direct et immédiat du procédé brutal et non l'effet d'une dénonciation subséquente.

Quel est le juge que n'embarrasseraient pas ces distinctions casuistiques et les vérifications d'espèces auxquelles elles l'obligent ?

Constatons, d'ailleurs, que le spectacle qui scandalise les uns est recherché comme une jouissance par les autres. Telle population est avide de *corridas* où de nobles bêtes sont froidement martyrisées Chez telle autre ces scènes provoquent les plus véhémentes protestations.

Ajoutons à ces critiques un dernier commentaire. Toutes les législations protectrices obéissent à un même mobile et se proposent le même but. Disons plutôt que mobile et but se confondent dans l'unique souci de la moralité et de l'intérêt matériel de l'homme. L'intérêt des animaux n'est sauvegardé qu'indirectement, d'où l'on peut conclure, par voie d'interprétation, que la cruauté commise envers eux n'est pas jugée coupable en elle-même, déduction applicable surtout à la loi française, dont les motifs sont particulièrement explicites à cet égard.

J'ai cherché à démontrer dans de précédentes études jusqu'à quel point cette conception égoïste de la protection animale, déjà formulée, on l'a vu, dans la psychologie de Kant, condamnée par la majorité des philosophes, inconciliable surtout avec les données des sciences naturelles, est positivement contraire à la tendance manifeste, c'est-à-dire aux mœurs présentes des peuples policés (1).

Je relève d'ailleurs ici qu'en ce qui concerne la condition juridique des animaux, la loi civile ne s'accorde pas avec la loi pénale. Car, tandis qu'elle traite les bêtes comme des *choses*, la loi pénale, en prescrivant de les épargner dans leur sensibilité physique, les considère comme des êtres *différents* des autres corps de la nature.

15. S'il est une institution qui témoigne à la fois des sympathies de plus en plus actives dont les animaux sont l'objet et de l'influence moralisatrice de la science, c'est bien celle des sociétés protectrices, reconnues partout comme corporations publiques et investies de la personnalité civile.

Au cours de la seconde moitié du dernier siècle, alors que les parlements européens se montraient de

---

(1) Voir Ed. Engelhardt, *loc. cit.*, I, p. 7 à 40; III, p. 115 et suiv.

plus en plus accessibles aux vues nouvelles dont s'était inspiré l'Institut de France en 1802, des associations particulières se constituèrent spontanément en divers pays pour seconder les gouvernements dans leur œuvre de préservation morale et d'humanité.

Aujourd'hui il n'est pas de centre quelque peu important qui n'ait son comité de protection animale patronné par les pouvoirs locaux.

C'est particulièrement parmi les peuples anglo-saxons que s'est organisée cette sorte d'apostolat volontaire, notamment en Angleterre, en Allemagne et aux Etats-Unis, où les *consortia* dont il s'agit sont les plus nombreux, les plus puissants et les plus respectés.

En Allemagne où, dans le domaine politique comme dans celui de l'économie, l'esprit de ligue et d'affiliation est resté vivace, les comités de protection forment une sorte de confédération et s'assemblent fréquemment en congrès. Le comité directeur réside à Cologne.

Le régime de la centralisation existe également en Angleterre. La *Royal Society* de Londres, subventionnée par la Couronne, a dans tout le royaume des succursales ou *Branches*, tout en coopérant à l'activité de sociétés adjointes dites *auxiliary*. C'est elle qui forme et nomme les officiers délégués auprès des *Branches*, celles-ci fonctionnant d'ailleurs comme entités à peu près autonomes.

Aux Etats-Unis, à part la grande société de New-York qui prend le titre de *Nationale américaine*, chaque Etat a gardé son indépendance corporative.

Il en est à peu près de même en France, où les sociétés départementales ne relèvent pas directement de la société de Paris.

La tâche des S. P. A. (1) est tout d'abord répressive; elle consiste à réagir contre les actes de cruauté commis à l'égard des animaux, c'est-à-dire à constater ces actes et à déférer leurs auteurs en justice.

En ce point de procédure, comme dans la définition même des contraventions, les diverses législations ne sont pas concordantes. En France la loi n'autorise pas les sociétés protectrices à poursuivre elles-mêmes les délinquants en se portant partie civile, faculté qu'elles possèdent en Angleterre et aux Etats-Unis (2). Il semble que l'on se fasse scrupule d'une sorte d'abdication d'un pouvoir qui n'appartient qu'à l'Etat et que l'on redoute les abus qui en seraient la conséquence.

Indépendamment de leur action répressive, les S. P. A. s'imposent un devoir d'assistance pratique en prenant charge et en s'appliquant à alléger les souffrances des animaux malades, infirmes ou abandonnés. Elles ont à cet effet des ambulances, des asiles ou fourrières et des hôpitaux (3). Elles érigent des

___

(1) En général les sociétés ont adopté cette abréviation.

(2) En 1899 la *Royal Society* de Londres a fait citer par ses agents 7.900 individus, dont 7.523 ont été condamnés à l'amende et 377 à l'emprisonnement.

Pendant la même année, l'*American Society* de New-York a saisi les tribunaux de 417 cas et en a instruit 57.958.

(3) A New-York, en 1899, on a recueilli 25.874 chiens malades, mourant de faim ou sans abri, 56.162 chats. 1 775 chiens et

abreuvoirs publics et disposent d'instruments de sauvetage et d'appareils destinés à détruire sans douleur les animaux gravement blessés ou impropres à tout usage.

Par où l'on voit que tout en sauvegardant l'intérêt humain, le seul dont le législateur se préoccupe, les S. P. A. se soucient de l'intérêt direct des bêtes elles-mêmes, donnant ainsi un démenti à cette leçon d'un apologue connu : Tu croyais donc, pauvre sot, que c'est pour nous qu'on nous aime (1) !

Gagner les cœurs à la bienveillance envers les créatures vouées sans merci à la satisfaction de nos besoins, disposer surtout la jeunesse à cette pitié agissante qui répond à un devoir impérieusement dicté par la morale et par la justice, telle est au fond l'œuvre capitale qui associe les efforts de tous les zoo-philes incorporés et à laquelle concourent sur leur initiative les écoles et les conférences populaires, la presse quotidienne et les publications ou bulletins périodiques.

Morale et *justice*, ces deux mots servent en effet de légende aux sociétés protectrices devenues universelles ; âme de leur devise, ils résument, en en marquant la double portée, les obligations résultant pour l'homme de ses rapports *naturels* avec ses alliés inférieurs.

---

245 chats ont été rendus à leurs maîtres. L'hôpital des animaux de Belgrave-Road à Londres a une succursale à la campagne près d'Acton où s'achève la guérison des malades.

(1) FLORIAN, fable XI, liv. I.

4

16. Un rapprochement se présente ici qui met en relief l'idée d'une discipline nouvelle, distincte de celles auxquelles je faisais allusion à la première page de cette étude.

Les S. P. A. rappellent par l'objet même de leur organisation, par leurs modestes débuts et par leurs remarquables progrès l'institution de la Croix-Rouge, dont on connaît la généreuse et bienfaisante mission.

D'après leurs règlements, les sociétés de la Croix-Rouge, répandues dans tous les États civilisés reçoivent dans leurs ambulances et soignent les militaires blessés ou malades, à quelque nationalité qu'ils appartiennent ; elles traitent avec une même sollicitude compatriotes et ennemis, ne considérant dans le soldat, victime du devoir, que l'homme, c'est-à-dire le frère et l'égal en Dieu. Et tel est le respect que témoignent à son égard les belligérants, qu'ils assurent toute immunité à l'habitant sous le toit duquel il a été recueilli (1).

C'est un sentiment analogue qui s'empare de l'homme quand il prend à cœur la condition des animaux, et l'on peut dire que les zoophiles et leurs confrères de la Croix-Rouge inaugurent une religion nouvelle fondée sur les lois de la nature, la religion de la souffrance.

Il y a d'ailleurs dans les procédés des deux genres d'association un point curieux de ressemblance. En maintes circonstances on a vu les S. P. A. s'intéresser

(1) Articles 6 et 5 de la convention de Genève de 1864.

au sort des animaux employés dans les armées et préparer pour eux, comme la Croix-Rouge pour ses blessés, des abris provisoires et des hôpitaux de campagne (1).

Le vœu a même été exprimé par le dernier congrès de l'Union protectrice des animaux, convoqué à Paris en 1900, que le gouvernement suisse soit invité à ouvrir des négociations à l'effet d'obtenir que la neutralité des ambulances et de leur personnel soit étendue aux vétérinaires et aux chevaux qui leur sont confiés.

D'étroites analogies ressortent également de la comparaison des S. P. A. avec une autre institution philanthropique, de création plus récente que la Croix-Rouge.

N'est-il pas étrange que la tutelle spéciale qui préserve aujourd'hui l'existence et la santé d'une catégorie d'êtres humains soit due à l'inspiration d'affiliés protecteurs des animaux ?

En 1874, huit ans après sa fondation, l'*American Society for the prevention of cruelty to animals* s'est avisée d'entreprendre ce qu'elle appelait *le sauvetage de l'enfance*, et, en 1875, une union particulière se forma dans ce but à New-York sous la vice-présidence de son propre président.

Ce serait depuis cette époque, affirme-t-on aux Etats-Unis, que dans la plupart des grands centres euro-

---

(1) De tels faits se sont produits au cours des récentes guerres de Cuba, des Philippines et du Cap.

péens des philanthropes se sont associés pour recueillir les nourrissons privés de soins et garantir l'enfant contre les sévices de parents dénaturés.

Tel est aussi le rôle des zoophiles à l'égard de leurs clients.

Or, nous retenons ces deux exemples à titre d'arguments, car ils nous amènent à classer sous une étiquette spéciale les dispositions encore élémentaires relatives à la condition légale des animaux.

Remarquons, en effet, que les devoirs comme les prérogatives de la Croix-Rouge impliquent d'importantes restrictions aux facultés que les lois générales de la guerre concèdent aux belligérants.

D'autre part, les sociétés protectrices de l'enfance exercent une surveillance qui apparaît jusqu'à un certain point comme un empiétement sur le domaine de la paternité (1).

Il en est de même des sociétés protectrices des animaux dont les attributions et le contrôle limitent le droit d'usage et d'abus inhérent à la propriété privée.

Quant à cette dernière déduction, il n'est pas inutile de constater qu'en 1895, la Cour de cassation l'a formellement consacrée en l'expliquant ainsi : la loi pénale, considérée dans son esprit, protégeait les animaux comme objet de propriété et *dans l'intérêt du propriétaire* et contre les tiers. La loi nouvelle (2) tend à

(1) En Angleterre, la Société nationale contre la cruauté envers les enfants a droit de poursuivre les délinquants en justice.
(2) La loi Grammont.

protéger la bête contre le propriétaire lui-même (1).

La législation anglaise, notons-le, a suivi les mêmes phases.

Jusqu'au *Martins-Act* de 1822, la cruauté la plus atroce à l'égard des animaux domestiques ne pouvait être punie que dans le cas d'atteinte prouvée au droit de propriété.

17. Ainsi qu'il est permis de conclure de l'ensemble des faits exposés dans ces derniers paragraphes, les mœurs et les idées régnantes sont notoirement portées vers l'amélioration du sort des animaux et tendent à créer entre ceux-ci et l'homme un droit coutumier, précurseur naturel d'un droit écrit.

Expression d'une morale moins exclusive, disons moins utilitaire que celle dont s'inspire la législation présente, plus rigoureux dans sa sanction, ce droit attribuerait directement aux bêtes et plus spécialement aux bêtes domestiques certaines garanties légales, analogues, dans leur exception à celles dont bénéficient maintes catégories d'êtres humains inconscients (2) ou infirmes (3). Ces garanties, je me suis appliqué ailleurs à les définir et à les justifier (4) ; elles se rattachent à

(1) Rapport de M. Accarias à la chambre criminelle, daté du 14 février 1865.

Lors de la discussion de la loi Grammont, M. Savatier-Laroche soutint que cette loi porterait atteinte au droit de propriété.

(2) Par exemple les enfants et les aliénés.

(3) Une loi récente, votée par la Chambre des députés, a reconnu aux vieillards indigents un *droit* à l'assistance publique.

(4) Voir ED. ENGELHARDT, *loc. cit.*

une disposition qui reconnaîtrait positivement aux animaux, ou du moins à ceux des séries supérieures, *un droit* à certaines immunités et qui les doterait ainsi d'une personnalité restreinte.

Les motifs d'un tel amendement aux lois actuelles ne sauraient trouver place dans cette revue essentiellement historique.

Mais il ne sera pas hors de propos de recueillir ici, en les empruntant aux codes anciens et modernes, un certain nombre d'exemples du *processus suivant lequel les animaux devront sans doute acquérir à la longue une quasi personnalité* et former, à ce titre, un prolongement ou plutôt une annexe distancée de l'association humaine.

Ces citations serviront d'épilogue aux courtes monographies composant cet écrit.

On pourrait jusqu'à un certain point marquer les principales étapes du droit, les grands moments de son histoire par les progrès qu'a réalisés la conscience publique dans le domaine propre du sentiment, c'est-à-dire par la mesure dans laquelle cette conscience s'est ouverte à la bonté et à la fraternité.

Et j'entends simplement résumer par là les qualités morales que revèlent les mœurs populaires, lorsque, suivant l'expression consacrée, ces mœurs s'adoucissent et que se resserrent les liens de la solidarité sociale.

Cette explication métaphysique du développement continu des institutions juridiques ressort avec un singulier éclat de l'étude du droit romain dans sa longue

carrière, de ce droit modèle qui, par son caractère
d'universalité, constitue encore la meilleure part des
lois contemporaines.

Au siècle des Antonins, la législation de Rome
fondait essentiellement le droit sur le *bien* et le bien
elle le faisait consister dans l'*æquitas. Quod semper
æquum et bonum est*, énonce-t-elle, *jus dicitur* (1).

Et c'est particulièrement par cette notion d'*æquitas* que la justice se définissait : *jus suum cuique
tribuendi* (2), formule qui impliquait l'idée d'un droit
naturel suivant lequel tous les hommes sont égaux et
font partie d'une même famille (3).

Quel contraste entre ces principes et les lois
des décemvirs !

Sous le régime des XII Tables, la famille reposait
sur le droit absolu du chef ; la femme était comme un
objet de propriété et se distinguait à peine des animaux domestiques.

Les enfants se trouvaient à ce point sous la dépendance paternelle, que le père en usait comme d'une
chose et disposait même de leur vie.

L'esclave était aussi une *res* dans toute l'acception
du terme.

Les étrangers étaient considérés comme ennemis,
c'est-à-dire comme des êtres dépourvus de droit, et si
parfois des rapports juridiques se substituaient à cet

(1) *Digeste*, I, 1, 11.
(2) *Inst. Just.*, I, 1.
(3) *Digeste*, I, 1, 3.

état d'hostilité permanente, c'était en vertu de pactes spéciaux imposés par les circonstances.

Les prisonniers de guerre étaient livrés aux bêtes ou devenaient esclaves.

Si déjà à l'époque où la jurisprudence de Rome était à l'apogée, nous voyons l'ancien rigorisme céder sur la plupart de ces points à une philosophie incomparablement plus humaine, combien plus saisissante se manifeste la progression du « droit en marche » lorsque, franchissant les siècles qui nous séparent de cette période de culture relativement avancée, l'on se représente la femme, l'enfant, l'esclave, l'étranger, le prisonnier de guerre dans leur condition actuelle !

Aujourd'hui la femme, à part certaines restrictions politiques et d'ordre civil, est socialement l'égale de l'homme.

Quant à l'enfant, la législation commune, la jurisprudence surtout, en font pour ainsi dire un être sacré ; et si prévoyant se montre à son égard le législateur, qu'il veille à ses intérêts même avant sa naissance et dès qu'il est conçu (1).

C'est l'honneur du dernier siècle d'avoir hautement condamné l'esclavage au nom des principes d'humanité et de morale universelle. En pays civilisé, il n'y a plus de propriété de l'homme sur l'homme.

L'étranger, à quelque société qu'il appartienne,

---

(1) Les droits des enfants, a pu dire en 1906 un député M. Carnaud, doivent être placés au-dessus des droits de l'Etat et de ceux des pères de famille.

jouit de la protection des lois nationales dans sa personne et dans ses biens.

Le soldat qui tombe entre les mains ennemies, n'a plus seulement, au sens propre du mot, le droit à la vie ; assujetti à un internement temporaire qui n'emporte aucune idée de pénalité, il est entretenu et soigné aux frais de l'Etat qui l'a momentanément en son pouvoir.

L'on ne serait pas moins édifié sur l'œuvre emancipatrice du temps, « que rien n'arrête dans sa mache tranquille et sûre », si l'on se prenait à étudier en particulier la législation pénale dans ses transformations successives.

On frémit à la pensée des supplices par lesquels, au cours des siècles, les sociétés humaines se sont crues en devoir de sanctionner les lois répressives des crimes ou des actes reputés tels.

La France est peut-être le pays où l'extrême sévérité des peines a le plus promptement *fléchi*, et je souligne ce dernier mot, qui traduit exactement la vertu des belles âmes, la clémence (1).

N'eût-il point passé pour un rêveur le philosophe qui en plein moyen âge aurait prédit « l'avènement de la constellation nouvelle » (2), c'est-à-dire le triomphe du sens moral sur la force et qui, devançant les Saint-Pierre, les Montesquieu, les Voltaire, les Vauvenargues, aurait proclamé ces maximes aujourd'hui

---

(1) Du grec χλινω, je plie.
(2) Voir le *William Shakespeare* de Victor Hugo.

souveraines : La société qui punit exerce un droit de légitime défense; elle punit sans haine et sans colère ; la peine qu'elle prononce n'est pas une vengeance, mais une expiation.

La mort atroce de Damien était encore une vengeance avec tous les raffinements de la cruauté ; de nos jours un Caserio est sommairement exécuté, sans même subir la mutilation réservée aux parricides.

Depuis plus d'un siècle la torture est abolie et non seulement les sentences capitales sont devenues de plus en plus rares, grâce au bénéfice des circonstances atténuantes, mais on s'efforce de réformer le condamné par le travail en commun et par la discipline moralisatrice du pénitencier.

La clémence s'est de plus en plus identifiée avec la justice ; celle-ci est devenue plus pitoyable, réalisant cette parole d'Ezéchiel, confirmée par la doctrine du Christ : *Revertimini et vivite.*

De nouveaux rapprochements ne paraissent point nécessaires pour motiver la conclusion de cette dernière étude comparative. En est-il à cette fin de plus suggestifs que ceux relatifs aux différents sujets que la première législation romaine maintenait dans la plus déprimante infériorité et qui se sont vus successivement « habilités » dans leur condition sociale et individuelle?

Tel sera, selon toute vraisemblance, le cas des animaux longtemps méconnus dans leur nature propre et qui doivent à la science cet élargissement de la sensibilité, « cette justice rayonnante, cette impé-

rieuse pitié » dont les mœurs contemporaines portent
l'empreinte de plus en plus profonde et qui (les exemples que nous avons produits le prouvent) pénétreront
les lois comme en ont été pénétrées les âmes.

Elevés à une certaine dignité mentale et morale, les
bêtes, celles surtout dont l'homme a fait ses auxiliaires
et ses compagnons quotidiens, devront acquérir une
certaine dignité légale, « le passage étant irrésistible
du psychique au juridique » (1).

C'est assurément ce que pressentait l'homme d'Etat
qui présidait, en 1901, l'assemblée générale de la
Société protectrice des animaux de Paris, lorsqu'il
disait : Chaque génération a son but. Le siècle de
Louis XIV brille d'un éclat incomparable par les arts
et par les lettres. Le xviiie siècle fut le siècle de la
philosophie. Le xixe siècle a été le siècle de la science.
Nous voici parvenus à l'aube des temps nouveaux où
l'humanité s'apprête à formuler les paroles définitives
de solidarité, de bienfaisance et de justice. *Que le
xxe siècle soit le siècle de la bonté !*

(1) J. ISOULET dans les *Quatre problèmes sociaux.*

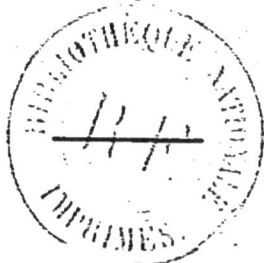

TABLE DES MATIÈRES

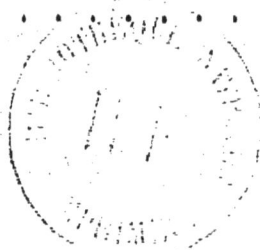

LAVAL. — IMPRIMERIE L. BARNÉOUD ET Cie

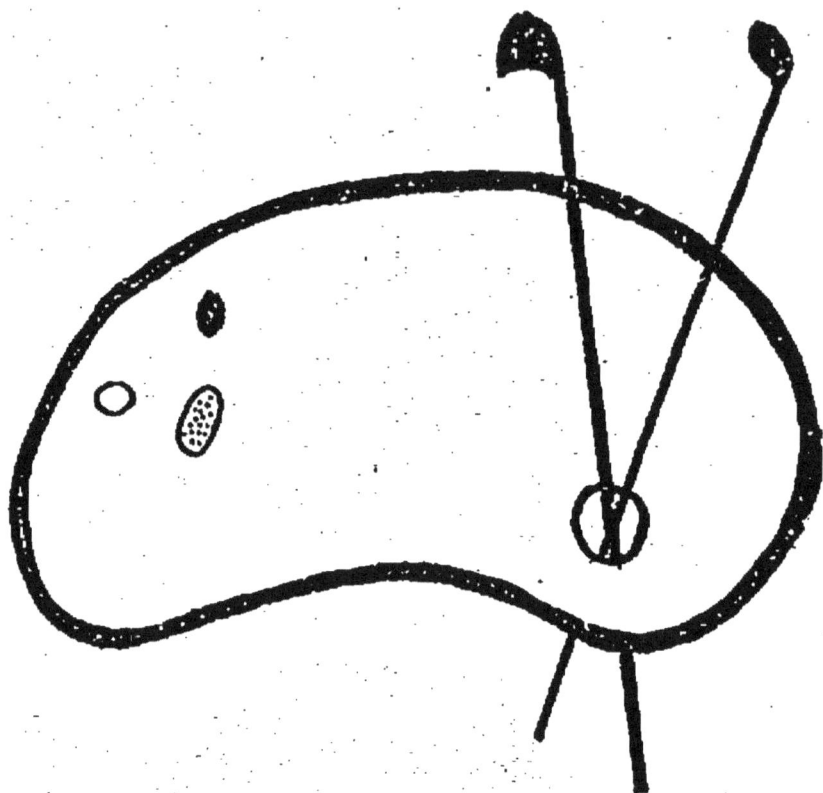

ORIGINAL EN COULEUR
NF Z 43-120-8